AF349700

DÉSIRÉ SAVALLE

INGÉNIEUR CONSTRUCTEUR

Labor improbus omnia vincit.

PARIS

TYPOGRAPHIE DU MAGASIN PITTORESQUE

(JULES CHARTON, ADMINISTRATEUR DÉLÉGUÉ ET GÉRANT)

15, rue de l'Abbé-Grégoire, 15

1887

A MONSIEUR ALBERT SAVALLE

Des voix plus autorisées que la mienne diront ce qu'a fait votre père; les services distingués qu'il a rendus à la science, à l'agriculture et à l'industrie; la reconnaissance et la haute considération qui s'attachent à sa mémoire : « il est inscrit au livre d'or des hommes utiles. »

C'est un honneur pour vous, Monsieur, d'être appelé à suivre le sillon qu'il a tracé. Cette tâche suffirait à une noble ambition.

A. MARLIÈRE.

DÉSIRÉ SAVALLE

INGÉNIEUR – CONSTRUCTEUR

Le pays vient de perdre un ingénieur de mérite, un industriel des plus distingués, un homme de bien et un bon citoyen.

Lorsqu'un de ces hommes d'élite disparait, ses concitoyens doivent à sa mémoire un témoignage d'estime, de reconnaissance et de regrets.

Désiré-François Savalle, issu d'une famille normande, de Canville (Seine-Inférieure), avait vingt-six ans lorsque son père, Armand Savalle, savant industriel, mourut subitement. Il laissait à son jeune fils, élevé par ses soins et devenu son collaborateur, de précieux enseignements et les avantages très appréciables de découvertes utiles, concernant la fabrication et l'épuration de l'alcool.

Doué d'un esprit vif, ingénieux, d'une précocité aussi rare que remarquable, Désiré Savalle s'appliquà au perfectionnement des systèmes inventés par son père.

Il avait compris que la production des alcools, résultant des meilleurs procédés de fabrication, prendrai beaucoup plus d'extension, donnant ainsi une vive impulsion au développement de notre agriculture nationale et de nos transactions commerciales, en même temps qu'elle serait une des branches les plus productives de l'impôt.

Ce qui le préoccupait surtout, c'était la question hygiénique. « Il voulait, disait-il, arriver à une rectification parfaite de l'alcool, afin dé préserver le consommateur des dangers qui résultent de l'absortion de ces produits mal épurés », dangers qui n'existent plus aujourd'hui dans les alcools fabriqués au moyen de ses nouveaux appareils.

« La distillerie, disait-il encore, est une industrie rurale, s'il en fut jamais. Soit qu'elle se pratique dans la ferme ou qu'elle s'installe au dehors, elle fournit toujours à l'agriculture la nourriture la plus économique et la plus apte à l'engraissement du bétail. Elle produit de la viande à bon marché, elle procure en outre à un prix peu élevé, et sur une grande échelle, le fumier indispensable à une culture bien entendue, en restituant à la terre tous les éléments nécessaires à la conservation de sa fertilité.

» La distillerie est un des auxiliaires les plus puissants de l'agriculture; des contrées arides ont été par elle rendues fécondes et florissantes; les terres donnent, avec son aide, le maximum de production et de revenu.

» Quand la mauvaise saison arrive et que les travaux des champs cessent, la distillerie est là qui fournit du travail aux ouvriers des campagnes.

» Dans l'industrie, dans la science, dans la matière

médicale, dans le commerce, les alcools tiennent une place importante. »

Savalle, ainsi que nous venons de le dire, avait pour objectif la philanthropie dans le progrès. C'est dans cette pensée qu'il a travaillé avec ardeur et persévérance et que, par d'heureuses innovations et d'utiles perfectionnements, il est parvenu au but qu'il se proposait : la production de l'alcool à l'état le plus pur.

L'ancien système de fabrication ne pouvait donner par jour que deux pipes d'alcool ; les nouveaux appareils peuvent produire quotidiennement vingt-cinq pipes ; soit cent-soixante hectolitres d'alcool fin, dont le prix de revient, se trouve, par les nouveaux systèmes, sensiblement diminué.

La production de l'alcool industriel, en France, était, en 1850, de 940,000 hectolitres ; elle dépasse aujourd'hui deux millions d'hectolitres. La plus large part de ce progrès est due incontestablement aux découvertes apportées dans cette industrie par les appareils Savalle.

Il n'est plus guère de distillerie qui n'ait été montée ou transformée par les soins de cet ingénieur distingué.

Déjà, en 1877, l'industrie française avait vu s'élever 127 grandes distilleries, comptant 219 appareils Savalle, et produisant chaque jour 7,708 hectolitres d'alcool raffiné. Ces établissements n'ont pas coûté moins de quarante millions. Depuis cette époque, le chiffre en est encore augmenté. L'étranger a suivi ce mouvement, et sur tous les points du globe les appareils Savalle sont adoptés.

Notre industrie nationale garde le monopole de la

construction de ces appareils; chaque année apporte une augmentation notable dans le chiffre de leur exportation.

Et si l'on considère que les droits payés actuellement à l'État par la fabrication des alcools, provenant des appareils Savalle, s'élèvent annuellement à plus de cent-soixante millions, nonobstant les droits de patentes et les contributions diverses imposées aux usines, on est frappé de l'importance des services rendus à son pays, par ce pionnier de la science.

Dans un rapport qu'il lisait, il y a quelques années, à l'Assemblée nationale, un de nos honorables députés disait :

« Les appareils de distillation les plus estimés aujourd'hui, en Allemagne, sont ceux d'un ingénieur français. M. Désiré Savalle, et l'on connait l'importance et l'habileté de la distillerie allemande. »

M. Dumas, l'illustre chimiste, remettant, en séance publique, à Désiré Savalle, une grande médaille d'or, se leva et lui dit :

« La société est bien en retard avec vous, Monsieur, car c'est la première fois qu'elle récompense vos beaux travaux : mais, vous devez vous consoler : depuis longtemps, le grand public vous a distingué et mis hors pair. »

Désiré Savalle considérait, à bon droit, cet éloge donné par M. Dumas, comme étant la consécration la plus éclatante, la sanction la plus décisive de la valeur de ses découvertes.

Si l'on ajoute à ces témoignages honorables l'opinion de la presse européenne : celle des industriels et

des agriculteurs de tous pays, on ne peut que déplorer
l'étendue de la perte que vient de faire l'industrie
française.

Et c'est au moment où Désiré Savalle venait de com-
pléter par un chef-d'œuvre d'installation, unique en
son genre, l'importante raffinerie d'alcool de *La Madone*, située à Puteaux, que l'implacable mort est venue
le frapper. Cette usine modèle est dirigée par son ancien collaborateur et ami, Frédéric Quénon, attaché depuis quarante ans aux travaux du grand industriel.

On doit encore à Désiré Savalle :

La création de plusieurs nouveaux appareils distil-
latoires, appliqués : les uns à la distillation des grains
en matières pâteuses, les autres à la distillation des
mélasses et à la distillation des vins ;

La création d'un régulateur de condensation pour
les appareils de rectification ;

Plusieurs perfectionnements dans l'ensemble des
appareils de raffinage des alcools ;

Une nouvelle presse continue, appliquée à l'extrac-
tion des jus de betteraves ;

Sa participation à la création et à la mise en pratique industrielle, d'un nouveau procédé de sacchariti-
cation des grains, supprimant l'usage coûteux du malt
et des acides, procédé désigné : « Bachet et Savalle » ;

Un nouveau mode de déterminer la valeur des alcools
par le diaphanomètre ;

Un nouvel appareil pour déterminer d'une manière
précise la richesse des vins.

Ainsi que l'expose le chimiste Barral : « On trouve,
désigné dans cette note, le diaphanomètre, admi-

rable instrument de précision, inventé pour déterminer le degré de pureté de l'alcool, c'est-à-dire sa qualité, et qui constitue, aujourd'hui, avec le perfectionnement que Désiré Savalle lui a fait subir, l'appareil mathématique réclamé depuis si longtemps par la régie. »

Désiré Savalle était chevalier de la Légion d'honneur. Cette décoration, bien méritée, fut dignement portée par cet éminent ingénieur qui réunissait les qualités de l'esprit et du cœur.

Un personnage autorisé a dit, en apprenant sa fin prématurée : « c'est un pilier de la morale qui tombe ! »

Désiré Savalle laisse plusieurs enfants, dont l'ainé, M. Albert Savalle, portera haut et dignement le nom de cet homme de génie, et continuera son œuvre ; c'est un noble exemple à suivre pour ce jeune industriel, qui a fait de brillantes études et qui possède les qualités essentielles pour devenir promptement un ingénieur distingué.

Instruit et guidé par son père dans la théorie et la pratique de la fabrication et de la rectification des alcools, M. Albert Savalle a pris résolument la direction de l'importante raffinerie de *La Madone*.

Toutes les sympathies lui sont acquises ; nos meilleurs vœux l'accompagneront toujours dans la pieuse tâche qui lui incombe et qu'il accomplira sans faillir.

A. MARLIÈRE.
Ancien Préfet
Officier de la Légion d'honneur.